Arcady Petrov

Gesundheitskorrektur bei onkologischen Erkrankugen

Bioinformationstechnologien im XXI. Jahrhundert

KOSMOPSYCHOBIOLOGIE

Jelezky Publishing

JELEZKY Publishing, Hamburg
www.jelezky-publishing.com

1.Auflage
Deutsche Erstausgabe, April 2010

© 2014 der deutschen Ausgabe
Dimitri Eletski, Hamburg (Herausgeber)

Deutsche Bearbeitung: Alexander Teetz

Weitere Informationen zu den Inhalten:
„SVET Zentrum" , Hamburg
www.svet-centre.com

Herstellung und Verlag:
BoD – Books on Demand, Norderstedt
ISBN 978-3-7357-1910-2

INHALTSVERZEICHNIS

KOSMO-Psychobiologie
Gesundheitskorrektur bei onkologischen Erkrankungen

Woher kommt der Krebs?

Im Oktober 2003 wurde im Buch „Harmonie des Chaos" von W. J. und T. S. Tihoplav ein Auszug aus dem neuen Buch von Thorwald Dethlefsen und Rüdiger Dahlke „Krankheit als Weg - Deutung und Be-Deutung der Krankheitsbilder" (Bassermann Verlag, München, ISBN 978-3-8094-2377-5) veröffentlicht. Dieser Auszug ist das 14. Kapitel des Buches: „Krebs".

In diesem Kapitel beschreiben die Autoren den Krebs in seiner Entstehung und seinem Verlauf bis zu seinem Tod - und zwar dem Tod der Krebszellen im Rahmen des Todes des ihn „bewirtenden" Menschen - als eine intelligente, aber rein egoistische Struktur, die wiederum aus einem grundsätzlich intelligenten, aber ebenso egoistischen System entsteht.

Ein plastischer Vergleich wird angestellt, in dem alle Lebensformen und Organismen einschließlich des Menschen und seines Organismus Mikrokosmen darstellen, die wiederum Teil eines großen, ganzen Systems, des Makrokosmos sind.

So wie der Mensch als Individuum und doch als Teil einer Gesellschaft dargestellt wird, der sich entweder konform und im Sinne des Wohles einer Gesellschaft oder Gemeinschaft oder egoistisch und gegen sie – gegen das „große Ganze" - verhalten kann, verhält sich die Zelle

4

im Organismus des Menschen als Krebszelle eben auch egoistisch, kontraproduktiv und letztendlich die „Gemeinschaft" (den Organismus) zerstörend, bis zum Zerfall oder bis zum Tod.

Im Kern geht es dabei um die vermeintliche Unfreiheit des Individuums in der Gemeinschaft bei der Wahrnehmung seiner Interessen, die nicht von Liebe, Wohlwollen und Empathie für die große gemeinsame „Aufgabe" des Kosmos geprägt sind, sondern durch egoistisches, kleingeistiges und kurzsichtiges Denken und Handeln:

> „ ... *Wir erleben in uns als Krebs nur das,*
> *was wir selbst ebenfalls leben.*
> *Unser Zeitalter ist gekennzeichnet*
> *durch die rücksichtslose Expansion*
> *und Verwirklichung*
> *der eigenen Interessen.*
>
> *...*
>
> *Die Menschen haben Krebs,*
> *weil sie Krebs sind. ... "*

Dethlefsen und Dahlke beschreiben dabei die wahre (gebende) Liebe, das Entwickeln von Mitgefühl und die Vision eines großen, gemeinsamen Ganzen („pars pro toto") als das einzig wirkliche Heilmittel gegen den Krebs. Und zwar deshalb, weil sie – im Gegensatz zur egoistisch geprägten, Krebs bildenden, nicht gelebten, missverstandenen oder pervertierten (selbstsüchtigen) „Liebe" - das Ego überwindet, Öffnung und Einigkeit („Einswerden mit allem") zulässt und überhaupt erst bewusste, spirituelle Vollkommenheit ermöglicht.

5

Das Herz stellt dabei das Symbol der wahren Liebe dar, denn: *„das Herz ist das einzige Organ, welches nicht vom Krebs befallen werden kann."*

Eine sehr bedeutende Information. Wenn es in diesem Kapitel etwas gibt, womit man seine Uneinigkeit ausdrücken kann, dann bestenfalls in Einzelheiten.

Trotzdem kommt es vor, dass der Krebs von außen in den Organismus dringt - in Form von Virus, Infektion oder Information. In diesem Fall sucht er eine neutrale Zelle, sucht ein geschwächtes, beschädigtes Organ mit irgendeinem Nachteil. Der Organismus fragt an: „Ist das etwas uns Fremdes?" Die Anfrage ist energetisch, chemisch, informativ. Der Krebs liest die Parameter der gesunden Zelle und dockt sich an diese an. Danach tritt er durch die Rezeptoren in die Zelle ein - in deren Kern - und baut sich an die DNA an, verzerrt die normierte Information (eben das berühmte 25. Bild) und ruft eine Mutation hervor - bringt so seine mutierten Zellen über den kleinen und großen Blutkreislauf in das Blut. Es beginnt ein offener Kampf, Armageddon („das Jüngste Gericht"). In diesem Kampf erschöpft sich das Immunsystem üblicherweise. Im Resultat bleibt der Krebs im befallenen Organ ohne Aufsicht und entwickelt sich ruhig weiter. Mit ihm ist nicht weiter auszukommen. Er kann sofort töten oder stufenweise.

Doch das ist mehr eine persönliche Bemerkung. Im Wichtigsten ist es schwierig, sich nicht zu einigen: es ist schwierig, unseren Lebensraum zu heilen, ohne den Menschen zu heilen. Und andersherum. Weil der Lebensraum eine Projektion im Bereich der Wahrnehmung ist. Mit anderen Worten: wie das Denken, so auch die Wirklichkeit. Das kann man als den Prozess des Anwachsens über das Bewusstsein des Menschen hinaus auf das Sozialbewusstsein und zurück als Kategorien der Unbestimmtheit betrachten, der sich in dem Begriff „verschwommene Logik" ausdrückt.

Für jedes Organ, jede Zelle im Bewusstsein gibt es ein Spiegelbild. Zuerst die Wahrnehmung, danach das Spiegelbild. Und wenn sich im Bewusstsein irgendwelche negativen Gedanken bilden (Neid, Hass, Korruptions-schemen, Verbrechensvorhaben usw.), dann bilden sie eine Verzerrung: wie in der Wahrnehmung, so im Abbild. In Träumen drückt sich das oft als Warnung in Form von Schlangen, Spinnen, Wölfen und anderen unangenehmen Personifizierungen aus. Und das Bewusstsein spiegelt das alles auf der Zellenebene wider. So verwandelt sich das Bewusstsein des Menschen langsam in das „Königreich der verzerrten Spiegel". Es ist sehr verwunderlich, wenn im Organismus eines solchen Individuums nach einer gewissen Zeit, zuerst auf der energetischen Ebene, dann auf der somatischen Ebene, nicht irgendeine Pathologie erscheint.

Es ist aber auch ein Eintreten solcher Anomalien von außen möglich, über das kollektive Bewusstsein. Denn wir sind von einander nicht isoliert, und außer der persönlichen Verantwortung für unsere Handlungen haben wir noch eine kollektive Verantwortung für das, was in der Familie, im Staat, im menschlichen Sozialbewusstsein als Ganzen geschieht. Wenn sich in einem bestimmten Umkreis anormale Menschen mit kranker Psychologie, Einbildungskraft und Zielvorstellungen häufen, dann wundert es nicht, dass sich auch in ihrem Organismus Pathologien und Anomalien vermehren. - krankes Gesellschaftsbewusstsein macht auch den physischen Körper unabwendbar krank.

7

Möchten Sie lange leben und nicht mehr krank sein, so ändern Sie das Sozialleben der Gesellschaft und Ihre Zielvorstellungen. Zerteilen Sie pathologische geschlossene Systeme der Existenz des Staates, stellen Sie Verbindungen mit solchen Organismen und Menschen her, die nach positiver Entwicklung streben. Die Krebszellen im Organismus erkennen das Pronomen „WIR" nicht an, Sie kennen nur ein Pronomen: „ICH". Das Pronomen ICH ist nicht schlecht, aber von ihm müssen gleichwertige, das heißt identische Verbindungen zu anderen Pronomen hingehen. Das heißt: ICH = ICH und, zusammen, ist WIR. Solange es nicht bis zu dieser Identifikation kommt, gilt:

WIR, das sind ALLE, und ALLE = ALLES.

Über Medien treibt das Kollektivbewusstsein jedem Menschen den Gedanken in den Kopf: Krebs ist nicht heilbar, AIDS ist nicht heilbar und ähnliches. Aber im Kern jeder Zelle im Menschen gibt es ein Programm der unsterblichen Existenz. Er weiß aber gar nichts davon, ihm erzählt keiner davon. Es ist ein geschlossenes System. Im geschlossenen System gibt es ein zweites Gesetz der Thermodynamik – unbestreitbare Wahrheit. Und wenn Sie das geschlossene System in Geborenwerden, Leben und Sterben aufteilen, dann werden Sie sehen, dass sich hinter dem Wort ICH das Wort WIR verbirgt.

Wenn das Bewusstsein richtig funktioniert, dann kooperiert es durch den Geist mit der Seele, und wenn es nicht versteht, dann versucht es das Feuer der Seele zu löschen, es bildet sich Dampf, ein Nebel entsteht.

Wir selbst erschaffen die Umstände, in denen wir leben!

Heute denken viele Menschen darüber nach, wie die Welt, wie der Mensch aufgebaut ist. Und natürlich vor allem auf dem Weg der Selbsterkenntnis ist es angebracht, sich an die Vergangenheit zu erinnern. Lassen Sie uns die Worte des biblischen Königs Salomo zitieren, strenge, sogar grausame Worte: „Wenn du dich selbst nicht erkennst, folge den Spuren deiner Rinder." Oder mit anderen Worten: Folge dem Weg der Rinder. Weil das Dumme und Sterbliche dem folgen muss, was kommt.

Wenn aber der Mensch sich geistig bis zu seiner unsterblichen Seele erhebt, dann werden Krankheiten zurückweichen, und dann wird er seinem Schöpfer ähnlich. Denn jeder entscheidet selbst, was er aus den beiden in ihm verschlossenen Möglichkeiten auswählen wird. Möglichkeiten, die vor einigen Jahrhunderten so scharfsinnig D. Erasmus Roterodamus (von Rotterdam) bemerkt hat: „Wenn dir kein Körper gegeben wäre, wärst du ein Gott, wenn dir kein Verstand gegeben wäre, wärst du ein Stück Vieh". Zu der Zeit wusste er noch nicht, dass auch etwas Drittes möglich ist - den unsterblichen Inhalt mit der Hülle zu verbinden und sie durch diese Verbindung auch unsterblich zu machen.

Wieso hat König Salomo so streng gesagt: „Erkennt Euch, oder kehrt zurück auf den Weg der Rinder"?

Wir kommen in diese Welt, um Erfahrungen zu machen und Kenntnisse zu erlangen. Wir lernen, um uns von der Unfreiheit zu befreien, die

9

wir selbst erschaffen haben, weil wir die Welt nicht richtig betrachten. Jesus Christus hat nicht einfach jedes Mal, bevor er mit der Heilung begann, den um Hilfe Flehenden gefragt: „Glaubst du?" Das war keine rhetorische Frage, das war ein Teil der Technik der Befreiung von der Krankheit. Denn der Gläubige ist schon auf dem Weg zur Wahrheit, er lässt es in seinem Verstand zu, dass man sich nicht mit Hilfe von Arzt und Medikamenten heilen kann, sondern einfach mit Hilfe des Wortes.

Aber das ist nur der erste Schritt. Es ist richtig, dass sich der Mensch selbst heilen kann. Leider konnten die meisten Menschen, die zu uns kommen, nicht positiv auf die Frage antworten: „Glaubst du?" In ihren Gedanken lesen wir etwas anderes: „Ich glaube nicht, aber ich hoffe". Und dennoch arbeiten wir auch mit solchen Menschen, versuchen ihnen zu helfen. Und an erster Stelle besteht unsere Hilfe darin, dass wir den Menschen Kenntnisse weitergeben, die wir direkt vom Schöpfer bekommen. Denn die Ursachen sehr vieler Erkrankungen sind ähnlich - es sind Ereignisse, Gedanken, Handlungen. Das, was wir mit anderen Menschen getan haben, mit der Natur, mit unserem oder anderem Land. Wir selbst erschaffen die Realität, in der wir leben.

Wieso ist es so wichtig, zu glauben und zu verstehen, dass die psychosomatischen Einwirkungen grundlegend - nicht nur für den Zustand unserer Gesundheit - sind, sondern auch für den des Weltalls im Ganzen? Weil die Welt wirklich nach dem Willen und der Gedankenerschaffung des Schöpfers aufgebaut ist. Und wir, seine Kinder, sind nach seinem Vor- und Ebenbild erschaffen worden. Haben Sie denn nicht schon mal festgestellt, dass irgendein sehr leidenschaftlicher Wunsch irgendwann in Erfüllung geht?

10

Lassen Sie uns ein praktisches Beispiel nehmen: zwei Nachbarn. Der eine denkt: „Werde doch krank!" Und der Nachbar wird krank. Bei ihm hat sich sozusagen eine Schicht um seinen Lebensraum gebildet. Die Beziehung verschärft sich – in den Beziehungen beginnt eine Kristallisation, die Phase des Glases (zwar durchsichtig, aber hart und fest). Die Nachbarn reden nicht mehr miteinander. Zwischen ihnen hat sich eine Grenze gebildet, eine Wand. Es ist aber nötig zu reden. Wenn man richtig miteinander spricht, zerfällt diese Wand. Hier fallen mir die Zeilen von Warlam Schalamow ein:

„Rufst du die Dunkelheit der Nacht herbei, so wird sie kommen. Beneidest du den Bruder nebenan, so wird er sterben."

Früher erschien mir dieser Gedanke des Dichters allzu gradlinig. Doch jetzt ist es mir klar, dass Warlam Schalamow ein Gespür für kosmische Zusammenhänge hatte!

Doch nun wollen wir das Studium weiter fortsetzen und die gebildeten Analogien in Bezug auf die onkologischen Erkrankungen anwenden. Der Krebs ist ein gläsernes steifes Spiegelbild, das auf einer tieferen Ebene eine Beschädigung des Gewebes hat. Aus dem gläsernen Spiegelbild nehmen wir die Atome heraus. Das Glas wird beweglich und weich. Es wird zu einer dünnen Schicht. Man kann sie wegnehmen. In die weiche Schicht tragen wir die wahre Information über die Genesung des Menschen ein. Sie drückt sich zusammen, und die Zellebene kommt in Bewegung, es beginnen Zellen zu wachsen. Mehr sogar - sie wachsen auf der Basis dieser Schicht. Wir wiederholen noch mal: Zuerst waren die Zellen, dann die Schicht, danach hat sie sich kristallisiert. Wir haben die

11

Kristallisation weggenommen, haben die Schichten wiederhergestellt. Aus der Schicht haben wir eine normale Zelle bekommen.

Aber wenn es solche rechtzeitige psychophysische Einwirkung nicht gibt, dann bewegt sich die veränderte Zelle, wie es meistens der Fall ist, über die Gewebegrundlage, über das Blut, über das Kapillarsystem und bleibt meistens da stehen, wo es den so genannten Zellen-Abfluss oder die Ursprungszellen gibt. An diesen Orten gibt es die höchste Energie. Genau diese zieht die neu gebildete Schädlingsstruktur an.

Auf der nächsten Etappe, in der Nähe der „Abflüsse" (sie sind von schwarzer Farbe) schreitet die Verdichtung zum Typ der Geschwulst voran. Und in der Nähe der „Ursprünge" (sie sind von weißer Farbe), dem Gegenteil, schreitet die Auflockerung der Bindegewebe voran. In diesem Falle ändert sich die Informationsstruktur sowie die Molekularstruktur der Zellen, die den beschädigten Abschnitt umgeben. Danach verschieben sich die Zellkerne, und Informationsverbindungen werden unterbrochen. Ihre Verflechtung provoziert die weitere Entwicklung der Geschwulst.

Es ist nötig eine Diagnostik durchzuführen, sowohl von der Seite der „Eintritts"-Punkte, als auch von der Seite der „Ausgangs"-Punkte. Die Information von beiden Seiten muss übereinstimmen. In den Eintrittspunkten ist eine Information - in den Ausgangspunkten eine andere. Zwischen ihnen gibt es einen Punkt, an dem man die wahre Information bekommen kann. Wenn Sie sich mit Ihrem Bewusstsein auf diese Information einstellen, dann öffnet sich das Bewusstsein desjenigen, den Sie untersuchen!

12

Jeden Punkt des Einganges und Ausganges kann man in eine geometrische Figur entfalten und anhand ihrer Flächen sehen, ob sie schief oder gerade ist. Gebrochene Geometrie ist auch ein Signal für Deformationen auf der Zellenebene. Diesen Prozess hat Grigori Grabovoi sehr gut beschrieben. Informationsgeometrische Parameter sind am besten durch genormte Kugelfiguren zu verbessern. Informationsgeometrische Parameter weichen von der Regel in den Fällen ab, wenn Zerstörung oder Verlust eines der Stützpunkte im Zellinneren auftritt.

Zeichen, Symbol, Code - das ist die Sprache der rechten Großhirnhemisphäre. Formen, die an Symbole gebunden sind. Um eine Krankheit umzuwandeln, muss man sie der Form entziehen. Wenn man der Krankheit die Form entzieht, entzieht man ihr die Möglichkeit, in unserem Verstand und Körper zu parasitieren. Und das Symbol des Krebses ist die Schlange, ihre Form auf der energetischen Ebene ein verschwommener schwarzer oder brauner Fleck, eben der Parameter der „verschwommenen Logik".

Deshalb gibt es in der traditionellen Medizin solches Unheil: Für jeden Menschen erstellen Ärzte eine Geschichte der Krankheit und nicht eine Geschichte der Gesundheit. Sie legen Menschenmassen auf eine endlose Krankheit fest. Und ihr Symbol der Hilfe für den Menschen ist die Schlange, die den Kelch des Lebens umwindet und das Wasser des Lebens vergiftet.

Als sehr bedeutend erweist sich die Tatsache, dass man in vielen Ländern schon die Kraft der Informationskodierung versteht und auf Staatsebene schon notwendige vorbeugende Maßnahmen ergriffen

13

werden. In Großbritannien zum Beispiel wurden Schilder in Bussen mit der Warnung „Kein Ausgang" durch Schilder „Ausgang in der Nähe" ersetzt. Eine sehr bedeutende Veränderung, nicht wahr?

Wiederholen wir noch mal: Der Raum ist eine lebendige Materie. Der Lebensraum des Menschen ist psychophysisch und reagiert auf neurolinguistische Kodierung, sowohl individuell als auch über das Kollektivbewusstsein.

In der vorliegenden Arbeit werden wir konkrete bioinformative Techniken zur Korrektur der Gesundheit bei onkologischen Erkrankungen geben. Doch zuerst lassen Sie uns unser Verständnis in diesem noch wenig bekannten Bereich der Wissenschaft ausweiten. Wie helfen wir in unserer konkreten Praxis den Menschen? Über das Bewusstsein! Wir berühren niemanden mit der Hand, wir geben keine Pillen, keine Spritzen, aber der Mensch wird gesund. Also schon der Gedanke kann rettend sein.

Nicht wahr, es gibt etwas, worüber man nachdenken sollte! Was hat vor unserer psychophysischen Einwirkung die Gesundheit und Nichtgesundheit getrennt, was Leben und Tod? Eine Linie! Diese Linie ist Bewusstsein, sie selbst ist Grenze und Hülle der Zelle, sie ist der Kreis, wenn sie sich verbiegt. Die Linie hat die Formen bestimmt und wurde steif. Es sind Konturen entstanden, sie wurden scharf, und man konnte sehen, dass es der Krebs ist. Man muss diese Konturen wegnehmen, den Umfang, die Linie überschreiten und dann in die Zelle hinein. Aus der gesunden Zelle haben wir am Anfang den Krebs erhalten. Und jetzt retten wir in der umgekehrten Reihenfolge.

14

Der Mensch hat eine Seele, Geist, Bewusstsein. Aber er hat auch das Gute und Böse in sich. Er kann das eine und das andere vermehren, vergrößern. Dabei weiß er nicht, was schöpferische Arbeit bedeutet: eine sichtbare und eine unsichtbare Materie. Der Mensch ist die Struktur der Formgebung. Sein Bewusstsein beginnt, wenn es eine bestimmte Ebene der Entwicklung erreicht, nach den selben demiurgischen Gesetzten zu erschaffen, die es im himmlischen Reich gibt. Das heißt, es überträgt die Demiurgie („weltbildende Kraft") jener Dimension in diese materielle Dimension, und diese materielle Dimension, die äußerst unangenehm war, erweist sich jetzt als die erfolgversprechendste. Wenn sich die Verbindung realisiert, dann erschafft die entstandene Materie zusätzlich zu den gewöhnlichen Eigenschaften des Menschen demiurgische Möglichkeiten. Folglich gibt es zwei Varianten: Erstens: Die Zelle kann sich teilen und Leben verbreiten. Zweitens: Die Zelle kann sterben, wenn Menschen es nicht schaffen, zu erwachen und sich von dem Bösen und einem verzerrten Bewusstsein zu befreien.

Erster Prozess und zweiter Prozess:

Lassen Sie uns das globale Vorhaben des Schöpfers verstehen. Der Schöpfer hat hier, auf der Erde, als Mechanismus der Umwandlung sein Ebenbild erschaffen. Wenn man den Menschen im Ganzen betrachtet, ist er die - sichtbare und unsichtbare - Grenze. Und es stellt sich heraus, dass das Unsichtbare noch hervortreten muss. Verallgemeinert kann man sagen, dass der nichtmaterielle Raum ein wissenschaftliches „Forschungsinstitut" des Universums ist. Dort werden Ideen und Projekte erschaffen. Und auf der Erde ist die Fabrik, die „Werkstatt", in der die große Idee des Schöpfers verwirklicht wird. Im Detail wird

15

sie von denen entwickelt und realisiert, die dem Schöpfer helfen. Die Werkzeuge ihrer Arbeit sind Seele, Geist und Bewusstsein.

Schöpferische Arbeit ist die primäre Ursache des Impulses, die Urquelle der Realität, die in der Reaktion des Bewusstseins ausgedrückt wird. Handlungen des Bewusstseins wirken sich durch den Geist auf die Seele aus und umgekehrt: von der Seele über den Geist auf das Bewusstsein. Der Prozess besteht aus drei Bestandteilen und einem Impuls, der in die Realität eindringt und stufenweise die Wiederherstellung des Organismus oder sogar seine Wiederbelebung vollzieht.

Persönliche Realität in Form eines Spiegelbilds ist mit der ganzen Realität verbunden. Verbindungen sind vom Schöpfer erschaffene Konstruktionen, in denen es überall seine Gestalt und seine Gedanken gibt. Eine beliebige Konstruktion, eine beliebige Verbindung, auch die, die man nicht einmal berührt, besitzt millionenweise eigene Verbindungen, Millionen von Varianten der Selbstentwicklung.

Genauso wiederholt sich alles auf der Erde und im Menschen. Der Organismus im Ganzen, jedes Organ ist für das Leben gebaut. Jede Verbindung, die Sie wiederherstellen, schaltet sich sofort in die Arbeit ein und in die ganze Welt. Den Menschen kann man wiederbeleben, beliebige seiner Organe wiederherstellen - augenblicklich. Man muss nur alle Verbindungen sehen - die des Menschen sowie die der Welt. Das sind unzertrennliche Teile. Wie Sie den Menschen im Ganzen betrachten, so müssen Sie auch die Welt im Ganzen betrachten.

16

Wir wiederholen:

"In jeder Zelle gibt es ein Gerüst - das sind Verbindungen. Jede Zelle ist mit anderen Zellen verbunden - das sind Verbindungen. Die Organe sind mit dem Organismus verbunden - das sind Verbindungen. Der Mensch ist mit dem Weltall verbunden - das sind Verbindungen!"

Lassen Sie uns betrachten, wie es zum Beispiel um die Onkologie steht, betrachtet von der Annahme eines inneren Prozess:

Lassen Sie uns betrachten, wie es zum Beispiel um die Onkologie steht, wenn sie durch die Information entsteht, die innere Prozesse widerspiegelt.

Der Mensch hat z. B. eine chronische Entzündung: Irgendwo im Inneren, im Darm, ist das Gebiet der Entzündung. Der Mensch kann leben, ohne etwas Besonderes zu spüren, aber dieses Gebiet beeinträchtigt die Zellen in ihrer Umgebung. Sie leben, ununterbrochen um ihr (Über-)Leben kämpfend. Und in eben dieser Zellenmasse, die sich in unbehaglichen Zustand befindet, erscheinen in einem Moment listige Zellen-Egoisten. Sie erfinden einen Mechanismus, wie man von diesem unangenehmen Zustand wegkommen kann. Sie beginnen, sich autonom zu vermehren, sie denken nur an sich selbst. Sie verlieren die Rezeptoren, die die Geschwindigkeit ihrer Vermehrung regulieren. Das erste, was mit den Zellen, die auf dem Weg der Verwandlung in Krebszellen voranschreiten, geschieht, ist: das Verlieren einiger Rezeptoren.

Das ist das Szenario jeder Revolution oder jedes Aufstandes, wenn man den Vorgang mit sozialen Prozessen vergleicht. Im Organismus führen verschiedene Organe verschiedene Arbeiten durch. Es gibt auch

17

schmutzige Arbeiten, z. B. im Darm. Aber sie sind unentbehrlich. Ohne diese Arbeit wird der Organismus samt des Darmes sterben. Aber die Zellen des Darmes sind mit ihrem Status unzufrieden. Sie wünschen z. B. nicht, den Darm durch den Weg der Evolution der Selbstvervollkommnung, der Selbstbildung zu verbessern. Sie wollen alles auf einmal - und gleich - haben. Eben mit dieser Unzufriedenheit spielen negative Wesen. Sie betrügen die Zellen und versklaven sie. Keinem wird davon besser. Im Gegenteil - allen wird davon nur schlechter.

Jede Zelle hat einen Status - den Status der Freiheit. Aber dieser Status setzt voraus, dass die Zelle zum Wohl des Organismus arbeiten wird. Darüber gibt es in der DNA eine doppelte Aufzeichnung. Wenn die Zelle entscheidet, dass sie den Status der Freiheit nicht braucht, dann löscht sie, wie es meistens der Fall ist, unter dem Einfluss der äußeren Informations-Einwirkung diese Aufzeichnung und handelt, wie es ihr gefällt. Dann hat sie wirklich keinen Rezeptor. Sie würde etwas ändern wollen, wie man so sagt, mit dem „Gewissen", aber sie hört und sieht nicht mehr, was geschieht, handelt selbständig. Sie will nichts über Gott hören, über ihre Verantwortung. Sie ist stumm und blind zugleich. Das ist dann schon eine besondere Zellengattung, die noch weiter mutieren wird. Denn sobald sie begonnen haben, sich an einer Stelle zu vermehren, ist das noch keine bösartige Geschwulst, es kann auch eine gutartige sein. Von der nächsten Stufe an, wenn diese Zelle die Möglichkeit bekommt, sich in der Umgebung ganz anderer Zellen zu vermehren, dann ist es ein Unglück. Wie sehen wir üblicherweise dieses Unheil? Wenn im Inneren eine Vermehrung stattfindet, dann klassifizieren wir die Geschwulst zuerst als gutartig und danach, wenn sie beginnt, sich weiter auszubreiten, bezeichnen wir sie als bösartig.

18

In dieser Phase ihrer „Degradierung", wie ein uns bekannter Biologe scherzt, hat sie schon einen Teil ihrer äußeren Antennen verloren, die Signale empfangen, und sie ist schon zwischen anderen ihr vollkommen fremden Zellen eingeklemmt. Sie hat dazu noch alle ihre „professionellen" Fertigkeiten und ihre Verantwortung verloren und sagt: „Mir reicht nur Blutversorgung aus, dann werde ich mich von alleine vermehren".

Lassen Sie uns wieder von der Mikroebene auf die Makroebene, die äußere Welt, übergehen, das Soziale:

Mit Hilfe des Hellsehens ist es leicht zu erkennen, dass der Zellkern tausend Jahre lang arbeiten kann! Das heißt, die Arbeit der normalen Zelle ist mindestens tausend Jahre lang möglich! Das ist im Grunde genommen ein ewiges „Triebwerk". Denn die Energie der Zelle kann sich vervollständigen und ihren Körper erneuern. Natürlich muss man verstehen: Ein ähnlich unsterbliches Regime der Existenz kann nur durch bestimmte Bedingungen des Aufenthaltes in der EWIGKEIT versorgt werden.

Wieso geschieht etwas anderes, etwas „Verkehrtes"? Wieso leben wir statt endloser Jahrtausende so schlecht und kurz? Wegen falscher Orientierung unseres Bewusstseins, wegen des Egozentrismus. Der Mensch denkt nur an sich selbst und versucht, alles nur sich selbst anzueignen. Für eine gewisse Dauer gelingt ihm das auch. Manchmal sogar sehr lange, gemessen an der Dauer eines Menschenlebens. Wenn die Menschen nur wüssten, was sie danach für ihr Bestreben, nur für sich selbst zu leben, bezahlen müssen! Nahe Analogien kann man leicht finden. Was macht der Mensch, wenn bei ihm etwas zu schmerzen beginnt? Er denkt nach, wie er sich davon befreien kann. Es ist gut, wenn es nicht zu radikalen Maßnahmen kommt, oder wenn der Wahnsinn der verrückt gewordenen Zellen die Sache nicht bis zum letalen Ausgang bringt.

Menschen-Egoisten, die nur für sich leben, das sind eben die Krebszellen des kosmischen Organismus. Lassen Sie uns betrachten, wie man diese parasitären Strukturen bekämpfen kann:

Die Krebszelle unterscheidet sich von den gesunden Zellen dadurch, dass in ihrem Kern die Struktur des Bewusstseins zerfallen ist. Das heißt, sie denkt falsch, folglich funktioniert sie auch falsch. Wie man im Volksmund sagt: „Sie hat nicht alle Tassen im Schrank".

Die Spirale der DNA ist zerknittert, zerrissen. Leider ist eine solche Zelle nicht in der Lage, schöpferisch zu arbeiten, sie ist nur in der Lage, auf dem von anderen Erschaffenen zu parasitisieren. Sie erkrankt an Egoismus. Ein bekanntes Bild im Leben, nicht wahr? Deshalb saugt eine solche Zelle die Energie in sich selbst hinein. Und in der Nähe gibt es noch neutrale Zellen, über die man sagt: Weder für uns, noch für andere: „Elektorat". Die Krebszelle nutzt ihre Neutralität, zieht sie an sich und zerreißt ihre Spiralen des Bewusstseins.

Was muss man in einem solchen Fall machen? Resektion, wie es die traditionelle Medizin macht, oder Chemotherapie? Ich kann Ihnen gleich sagen: Das ist der Weg vom Schlimmen zum Schlimmeren!

Im Sinne von Igor Arepjev handeln wir anders. Wir treten in die Krebszelle ein, mit der diese ganze Situation begonnen hat. Der

20

innere Teil des Kernes ist schwarz und fest wie ein Stein. Die Zelle zu betrachten, ist schon unangenehm, ganz zu schweigen davon, damit zu arbeiten. Aber das muss man machen. Wir begradigen die Spirale, beseitigen Abrisse, wenn es sie gibt.

Wir vernichten die Information der Krankheit, tragen die Information der Gesundheit und der harmonischen Entwicklung hinein. Die innere Schicht des Zellkerns beginnt sich zu röten, wieder aufzuleben. Das ist schon kein Krebs mehr, sondern eine gutartige Geschwulst. Danach wird es leichter: zwei, drei Korrekturen - und der Mensch ist geheilt. Hunderte von Menschen mit Krebserkrankungen kamen zu uns, und den meisten konnten wir helfen.

Beschreibung der Handlungsweise:

Grigori Grabovoi arbeitet genauso - er gibt Informationen, dass es keinen Krebs gibt. Er hat uns gezeigt, wie er arbeitet. Aus der Seele überträgt er die Norm in das Bewusstsein und diese Information, dass es keinen Krebs gibt, spiegelt er aus dem Bewusstsein wieder in die Seele zurück. Mit der einen Handlung ausgetragen, mit einer anderen Handlung wieder eingetragen. Er macht das durch die Zahl **8** (acht), über die Chromosomen.

Er hat drei Handlungen ausgeführt. Er hat sie durch das Bewusstsein betrachtet, und alle Punkte der Information sind vorhanden. Durch einen Punkt der Information ist er in den Informationsraum eingetreten, hat eine Bewegung gemacht, hat etwas weggenommen. Danach geht er weiter, im Uhrzeigersinn. Durch einen Punkt tritt er in das Bewusstsein ein,

21

tritt in die Seele ein, tritt in das Gewebe ein, wo es einen „inoperablen" Krebs gibt. Er führt eine Diagnose durch, erhält über die Seele eine Information über die Norm und trägt den Punkt aus, wo er vorläufig die normierte Information (mental) konzentriert hat. Der Umbau der Struktur des Bewusstseins, ihrer Matrix, hat begonnen. Er hat das Kranke auf der Zellenebene entfernt.

Man kann aber auch anders arbeiten: indem wir die kranken Zellen erkennen. Im Inneren der Zellen sehen wir schwarze Härchen. Sie sind gebogen wie der Buchstabe „S". Solche Härchen auf der Informationsebene sind Symbole des Krebses. Diese Härchen ergreifen den Kern, und „stimmen" ihn um. Es beginnt die Vermehrung und Teilung der Zelle.

Mit Hilfe des Bewusstseins wird nun ein Impuls gegeben. Der Mensch muss seine Struktur des Bewusstseins wieder aufbauen. Es bildet sich ein Paket von Erkenntnissen. Das Verständnis, dass er frei ist, dass er ein eigenes Bewusstsein hat, all das überträgt sich in die Matrix. Die Sendung drückt sich in einen Punkt zusammen und tritt in die Kontur ein. Der Krebs ist wie eine klebrige Masse, klebt an allem, womit er in Berührung kommt. Er ist wie Gelee. Man kann nicht sagen: gleichartige oder nicht gleichartige Masse. Wir wissen nicht, wie man es genau definieren könnte. Ein „klebriger Schmutz" - so definieren wir es.
Der Krebs selbst hat Beinchen und Fühler. Die Fühler schneiden einen Teil der DNA ab und spritzen Schmutz genau in den Zellkern hinein. Das Wichtigste ist also, dass nirgendwo Fühler oder Teile davon zurückbleiben. Sonst kehrt die Krankheit wieder zurück. Die Eigenschaft der Krebszellen: wenn man nur ein Krümchen hinterlässt, werden sich

22

diese Krümchen wieder vermehren und weiter wirken. Also muss man das Bild stärker vergrößern. Oh weh: man vergrößert das Bild - und wird gleich müde. Es hypnotisiert den Behandler, gleich ändern sich die Farben. Aber hinter den Farben steht etwas!

Wenn man wieder auf die Informationsebene geht, dann sehen wir ein Dreieck. Das ist das Bewusstsein. Das Bewusstsein fügt Farben hinzu. Zum Beispiel:

- Die Zyste, sie ist gelb, rot, blutwässerig.
- Der Krebs, er ist rot, braun, violett, schwarz.

Wieso ein solcher Effekt? Wir haben den Spiegel des Abbildes ausgedehnt und haben die Farben anders gesehen. Wir haben das Bewusstsein gesehen: In einem solch großen Quadrat des Raumes ein solch winziges Dreieck. Man muss sich fokussieren. Das ist wie der Scheinwerfer eines Autos. Das Licht aus ihm ist groß und trübe, denn die Birne ist klein. Die Birne hat einen Reflektor, der das Licht auf eine große Fläche verteilt. Einen solchen Effekt gibt es bei der Zyste, beim Krebs und bei anderen Krankheiten.

Der optische Aspekt: wir sehen Farben. „Was ist hier das Wichtigste?", möchte man wissen. Aber es geht nicht um die Farben oder die Birne. Wer die Krankheit vergrößert hat, ist die Frage! Die Farben sind eine Nebensache. Vergrößert hat sich ein Teil des Bewusstseins, das sich in einem Punkt konzentriert hat. Der Punkt hat sich über Leber, Lymphsystem, Gallenblase, Schilddrüse, weibliche Organe, männliche Organe etc. ausgedrückt. Der Bereich des Bewusstseins hat sich ausgedrückt ... Denn im Inneren der Zellen gibt es kleine Spiegel (flüssige Kristalle), die Bildschirme des Bewusstseins.

Da ist die Verbindung mit den Organen: Der Bereich des Bewusstseins projiziert einen Punkt, der durch die Schilddrüse geht und weiter, er spiegelt es wieder. Das heißt, dass es im Bereich des Bewusstseins einen negativen Punkt gibt, der das Problem auf die Schilddrüse und über weitere Verbindungen weiter spiegelt. Es stellt sich heraus: bei diesem Menschen waren Gedanken falsch, negativ. Das ist primär. Farben oder Energie - das ist sekundär.

Wieso? Weil es nicht von der Energie herrührt, sondern vom Abbild des Bewusstseins. Wenn man (mental) in den Kern einer Zelle eintritt, sieht man, dass sich die negative Information, die das Virus wie das 25. Bild in die DNA eingebaut hat, über das Replikationssystem und die Krebszellen vermehrt und vermehrt – und sich an irgendeinem Organ festsetzt. Nach geraumer Zeit folgen dann Vollnarkose und Operation.

Verschiedene Menschen sehen dasselbe Dreieck des Bewusstseins verschieden. Es stellt sich heraus, dass einige Menschen zuerst überhaupt nichts sehen, auch wenn sie sich als „Extrasensoriker", „Magier" oder „Zauberer", bezeichnen. Die anderen sehen etwas, aber über das Spiegelbild, treten in die Zelle ein, und die Membran ist wie ein Spiegel - auf den Wänden gibt es ein Spiegelbild. Ein Spiegelbild des Kristalls im Kern. Millionen von Varianten.

Wonach soll man sich richten? Wenn z. B. der Mensch, den man untersucht, selbst eine Vorstellung über die Ursache seiner Krankheit hat,

24   © Петров А.Н., 2004

er z. B. denkt, man habe ihn verhext oder ähnliches und er wisse sogar, wer das gewesen sein könnte, dann sieht der Hellseher, der durch das Abbild in das Bewusstsein hineinsieht, sofort dasselbe. Die Meinungen werden übereinstimmen, aber die Situation wird dadurch kaum besser. Dieser Hellseher sieht einfach eine zu große Anzahl von Spiegelbildern. Sehr große. Und man muss überlegen, welches von ihnen richtig ist. Die Intuition hilft ein bisschen, aber die Fragen bleiben.

Es gibt noch eine dritte Variante, die funktioniert. Man kann eine normierte Zelle erschaffen. Aber sobald man die Zelle erschaffen hat, werden gleich die Weltverbindungen aufgebaut. Man braucht nur die Information zu erschaffen, dann wird sie gleich widergespiegelt. Es kann sich in vertikaler oder horizontaler Richtung aufbauen. Wenn man geradeaus blickt, kommt ein Quadrat dabei heraus. Wenn man von der Seite blickt, kommt ein Würfel dabei raus.

Was braucht man? Man muss einen („Anhalts"-)Punkt schaffen, einen Zellkern (diese Punkte verdoppeln sich weiter) und in diesen Punkt Information eintragen. So hat man die Information über die Norm (der Schöpfung), zur Heilung, eingetragen. Außerdem gibt es noch die Steuerung. Das ist eine weitere Variante. Man tritt in die Sphäre der Steuerung ein, dort wo man sofort Spiegelbilder, Weltverbindungen sehen kann.

In unserem Körper findet ein endloser und grausamer Krieg gegen Viren, Bakterien, gegen alle gefährlichen Eindringlinge statt, und der Krebs reagiert immer weniger auf die Standardtherapie im Organismus. Der längste Kampf ist der Kampf mit onkologischen Erkrankungen.

25

Veränderte Zellen, gefüllt mit Krebs-Information. Sie sind wie Abschnitte, wie Härchen, von denen eine Projektion, eine Form ausgeht. Und die Form vermehrt wieder die Geschwülste. Die Form schwimmt im Blut, das zum Beispiel in die Leber übergeht. Dort gibt es eine ganze chemische Fabrik. Und andere normale Zellen sind nicht in Sicht. Wieso? Weil sich dort die Farbe verändert hat und alles mit Dunkelheit überzogen wurde. Alles ist schon negativ umprogrammiert worden.

Zweck der Umprogrammierung ist, die Organe außer Betrieb zu setzen. Der Krebs macht genau das. Das heißt, er greift ein in den Ablauf der Organisation der chemischen Prozesse: Lungen, Leber, Nieren, Bauchspeicheldrüse, Geschlechtsorgane, Schilddrüse, Magen.

Wieso hat er diese Möglichkeit? Weil das Bewusstsein der Menschen verzerrt ist. Denn die Menschen schaffen chemische Waffen, Atomwaffen - und alles von ihnen Geschaffene kommt auf feinstofflicher Ebene, über das „wissenschaftliche Forschungsinstitut" des Universums, zu ihnen zurück und spiegelt sich in ihren Organismen wider. Wer würde ahnen, dass es in diesem wechselseitigen Zusammenhang steht? Es ist aber so, dass sogar die Waffen, die auf Lager liegen, töten! Weil sie eine gewisse Ebene des kollektiven Bewusstseins der Menschheit widerspiegeln.

Was für ein kluger Krebs!

So ist es. Denn die Menschen schaffen falsche Wechselbeziehungen. Und im Organismus gibt es eine ganze Werkstatt, die die äußeren Gesellschaftsprozesse widerspiegelt. Das ist der Grund!

Der Mensch ist ein die Welt organisierender Faktor. Raum, Zeit, Weltall, das alles wird auf dem Faktor Mensch aufgebaut. Wenn der

Mensch alles erschafft, muss er sich ein wunderbares Leben aufbauen, ja, er ist sogar dazu verpflichtet. Die Bedingung ist einfach:
„Schaffe keinen Schmutz, der dich selbst vernichtet!".

Aber wir produzieren Atomwaffen, chemische Waffen, wir machen Gemeinheiten, anstatt dem Menschen zu helfen. Das alles spiegelt sich und kommt wieder zu uns zurück. Wir schaffen selbst die Welt, in der wir sterben. Wir ersticken an all diesem, an dieser Bosheit, dem Hass, diesen schmutzigen Gedanken. Es ist uns immer etwas zu wenig, wir wollen immer noch etwas ergreifen, irgendjemanden manipulieren, jemanden betrügen. Und dann kommt alles zu den Menschen zurück ...

Je schmutziger unsere Gedanken sind, desto stärker der Intellekt des Krebses, AIDS und anderer Mitglieder der dunklen Welt.

Wenn man die Harmonie in das Bewusstsein des Menschen zurückbringt, wird die Welt wunderbar sein.

Wie kann man sich vom Krebs befreien?

Auf der Informationsebene ist alles auf die Geometrie und Mathematik aufgebaut. Und auf Wort, Zeichen, Symbol, Code, Form. Die Form des Krebses ist auf der energetischen Ebene ein dunkler, verschwommener Fleck und auf der Informationsebene ein Sechseck. Und das Symbol des Krebses ist die Schlange. Hermes hat mit diesen Schlangen seinen Stab umwunden, was die Steuerung von Leben und Tod bedeutet.

Wenn die Schlangen auf dem Stab sind, dann sind das Chromosomen, die von außen steuerbar sind, Programme des Lebens. Wenn sie von dem Stab wegkriechen, ist das die Zerstörung des Lebens - Krebs. Die Form ist an Symbole gebunden. Das Symbol der Schlange gefällt mir persönlich nicht. Mir gefällt es im allgemeinen nicht, wenn man jemanden durch Angst zu etwas zwingt. Man kann den Raum nicht heilen, wenn man den Menschen nicht geheilt hat. Hier steht alles in Wechselbeziehung. Kann man denn mit Angst heilen?

Sechseck-Form des Siliziumlebens. Die ganze Erde besteht aus Silizium. Das ist unser Lebensraum. Und der Zellkern, die DNA, hat auf der Informationsebene die Form eines Fünfecks. Das Äußere beim Krebs strebt an, Inneres zu werden. Das ist falsch! Alles hat seinen gesetzmäßigen Platz, und der Versuch, sich eine fremde Position anzueignen, führt ins Unglück. Der Mensch stellt sich dann auf eine sture Position: „Man kann von der Natur kein Erbarmen erwarten". Also beginnt die Natur, den Menschen als Infektion zu betrachten, und verdrängt mit ihren Informations-Sechsecken die Zellkerne des Menschen. Dadurch werden im Organismus onkologische Prozesse hervorrufen.

Harmonie! Das ist das Schlüsselwort zur unsterblichen Existenz. Adäquates Benehmen des Menschen in der Natur und der Natur im Menschen. Dann werden Mensch und Natur einander nicht vernichten, sondern, wenn sie sich gemeinsam bemühen, in der Lage sein, den Gipfel, die vom Schöpfer geschaffene Evolution, zu erreichen. Dann kann man nicht nur das erweiterte Bewusstsein erreichen, sondern auch das wahrhafte Bewusstsein - genau das Sandkorn, das die Welt aufbaut.

Die verschiedenen Welten werden die Wahrheit dessen bemerken, dass das Große aus dem Kleinen aufgebaut wird, und das Kleine wird vom Großen aufgebaut. Und es gibt nicht das eine ohne das andere, und das kann es auch gar nicht geben.

Die Realität erscheint in der Mitte. Es gibt den Nordpol und den Südpol. Zwischen ihnen erscheint die Realität, die Erde. Jedes Geschöpf ist dem Schöpfer nachgeahmt. Vorgänge der Zersplitterung werden durch Reaktionen der Synthese ersetzt. Das geschieht jetzt, in der jetzigen Zeit. Damit es in der Welt Leben geben kann, hat der Schöpfer ein Teilchen von sich selbst gegeben. Jetzt, da wir eine gewisse Ebene erreicht haben, geben wir uns dem Schöpfer zurück, ein Teil von ihm werdend, ein Teil des Ganzen.

Das ist die Realität! Obwohl einige ihre eigene Realität erschaffen, erfinden sie eine technische Zivilisation oder Magie. Schon wieder ein Wunderland. Ist man in sie eingetreten, so wird man Milliarden von Jahren mit allen Anderen wandern, die den Führern folgen werden. Das ist keine Harmonie, sondern irgendjemand hat die Vorherrschaft.

Wir sehen: Die Form des Raumes ist die Zeit, welche in sich das Maß des Raumes einschließt – das ist das Bewusstsein. Es gibt keinen Raum ohne Bewusstsein, weil ohne Bewusstsein alles leer ist. Alles existiert aufgrund des Bewusstseins. Bereiche des Bewusstseins sind Grenzen des Begreifens. Es entwickelt sich durch Seele und Geist. Es wächst genauso, wie die Zellen wachsen. Sie beginnen zu atmen, weil es Tiefe, Höhe, Breite und Umfang gibt.

Jetzt kehren wir wieder zum Hauptthema zurück. Sofort nach dem Eindringen des Krebses in die Zelle beginnt ihr Anschwellen, ihre Teilung, und es bildet sich noch eine Zelle, aber schon mit einem gemischten Kern, und noch eine ... Und jetzt nehmen wir die Krebsbildung, zum Beispiel in der Bauchspeicheldrüse. Hier ist ihr Schwanz, hier ist ihr Köpfchen, auf dem Köpfchen gibt es sehr viele veränderte Zellen, die nicht mehr die richtige Form haben.

Das in einem frühen Stadium mit Geräten zu erkennen, ist unmöglich. Eine Operation durchzuführen, ist auch nicht möglich, weil alles sehr schnell endet- manchmal schon vor der Operation, öfter aber nach der Operation.

Wir haben es im Grunde genommen leider mit vernachlässigten Stadien der Erkrankung zu tun. Wo schon weder Bestrahlung noch Chemotherapie oder Operation geholfen haben. Was sehen wir? Zellen mit zerstörtem Kern. Wenn der Mensch sich der Chemotherapie unterzieht oder Tabletten zu sich nimmt, erscheinen auf den Zellmembranen und im Kern Deformationen , sie sind sofort deutlich sichtbar. Deshalb

30

braucht man nichts zu hinterfragen. In der Zelle selbst ist alles sichtbar. Das ist eine Mutation, das heißt DNA aus der kranken Zelle tritt heraus und strukturiert sich um.

Bei dem mutierten Kern gibt es vier Fäden in den Tubulin-Stäbchen (Protein „FtsZ"). Das heißt, dass so eine DNA stärker ist als die Chemotherapie oder eine Bestrahlung. Wieso bilden sich diese Pfade? Sie organisieren sich unter der Einwirkung der „Chemo". Man macht die erste Chemobehandlung, die zweite, die dritte. Und wenn der Mensch es überlebt, verändert sich die Krankheit, mutiert, geht in eine neue, sehr stabile Phase ihrer Existenz über. Und diese stabilere Form des Krebses beginnt, sich auf andere Menschen auszubreiten, auf die ganze Menschheit. Was man auch macht, Bestrahlung, Chemie, alles ist hoffnungslos. Mehr sogar: Es ist grausam, wenn man alles nur auf der somatischen Ebene betrachtet.

Die Krankheit wird stabil und stark. Im Grunde genommen beginnt eine Epidemie des Krebses. Eine neue Form trifft andere Menschen. Diese Bildung selbst entsteht aus den guten Zellen, den gesunden, aber sie sind den Mutationen unterworfen, bei ihnen ist der Kern schon zersetzt. Aus dem Kern wird die DNA-Kette herausgenommen und umgebaut. Oder, besser gesagt, es wird eben das „25. Bild" eingebaut, über das man so oft im Fernsehen spricht. Und wir erhalten hier schon nicht mehr den zu erwartenden Effekt, wenn wir nicht auf der zweiten DNA-Kette die zerstörten Bereiche der Chromosomen in die Norm bringen.

Sogar wenn wir die Krebszellen neutralisiert haben, werden die Restteile von ihnen in Form von Kügelchen oder Körnchen ins Blut ausgeschieden. Aber das Wichtigste, damit man diesen Moment nicht überspringt: diese Körner sind eben das, was von den großen Zellen übriggeblieben ist. Sie umwickeln sich mit mikroskopisch kleinen, Organismen. Man kann sie in den Analysen im Blut finden. Das alles muss man auch säubern. Dafür kann man aus der Milz Lymphozyten mobilisieren.

Wenn man zum Beispiel mit Hilfe des Hellsehens und mittels psychophysischer (seelisch-körperlicher) Einwirkung ebendiese Krebszellen aus dem Organismus herausnimmt, dann kann man in den unversehrten Zellen ein bestimmtes Gen befreien, das nach außen hervortreten wird, auf die Oberfläche des Kernes. Es erschafft ein Leuchten und ein Netz. Das heißt, es stimmt eine Zelle und weitere Zellen auf den Angriff der Krebszellen ein. Wir können die Ionen des Magnesiums oder des Kalziums in die Lysosome (Organellen) einfügen oder können die unversehrten Zellen auf einen Kampf einstimmen.

Und wir beobachten das, was geschieht, auf der Ebene der optischen Wahrnehmung. Das Gen der Krebszelle scheint nach außen durch, und diese Zelle wird kennzeichnend für das Erkennungssystem. In diesem Fall erwürgt das Immunsystem selbst das Krebs-Gen im autonomen Regime. Deshalb ist es so wichtig, das rechtzeitig zu machen und nicht, nachdem die Ärzte Chemotherapie, Bestrahlung oder giftige Pillen ausprobiert haben.

Lassen Sie uns noch einen Aspekt der Erkrankung betrachten. Wenn die Krankheit in die Kernzelle eindringt, zerstört sie die DNA-Kette, nimmt einen Bereich von ihr in Besitz und kommt über den inneren Prozess in die äußere Welt. Das heißt, aus der Zelle kommt die Krankheit in den Organismus, und aus dem Organismus über seine Grenzen hinaus. Und somit strahlt der Mensch, der in seiner Entwicklung durch die Krankheit gehemmt ist, die Krankheit in die äußere Gesellschaftsdynamik, die sich in Unfällen, ökologischen Katastrophen, Kriegen, Terrorismus und anderen Anomalien unseres Daseins ausdrückt.

Daraus folgt: die Krankheit eines Menschen ist nicht unbedingt seine persönliche Sache. Es betrifft uns alle - unser persönliches und gesellschaftliches Bewusstsein. Die Wurzeln der Krankheit liegen in der Vergangenheit, aber sie versuchen, in die Zukunft zu wachsen. Bitter werden die Früchte sein, wenn das der Krankheit gelingt. Eine Heilung wird kaum stattfinden, wenn man den Menschen nur teilweise heilt. Man muss alles zusammen heilen: Nieren und Bewusstsein, Blut und Geist, Herz und Seele. Und nicht anders.

Wir setzen uns mit diesen Verbindungen auseinander, studieren sie, wenden das Studierte in der Praxis an. Und sind denen sehr dankbar, die uns helfen, traditionelle, konservative Kenntnisse mit neuen Kenntnissen, oder besser gesagt guten, vergessenen, alten Kenntnisse, die aber im Grunde genommen niemals alt werden, weil sie zu der Kategorie des Wahrhaften und Ewigen, das heißt des Ursprünglichen zählen, zu verbinden.

Und hier würde ich gerne eine Zwischenbemerkung machen. Wir haben auf unserer Website mal die Nachricht bekommen: "Ärzte, Onkologen, aus der Stadt Zaporosch (Ukraine), haben bekanntgegeben, dass der Mechanismus des Auftretens von Krebs einen

Informationscharakter trägt. Diese Krankheit kann man nicht nur auf traditionelle Weise heilen, also mit Hilfe der Chemotherapie, sondern auch mit „Informationsmethoden". Natürlich, einerseits wurde das Rad erfunden. Aber andererseits: Wo hat man es erfunden? Im Herzen der Schulmedizin. Schon deshalb ist es lobenswert.

Bei der Pressekonferenz in Kiew hat der Onkologe Anatolij Schugajlo unter Hinweis auf die Resultate der Forschungen als einen Grund dafür, daß die Krebsgeschwülste so schnell wachsen, angeführt, dass einige Krebszellen im Laufe von nur 18 Stunden reifen und sich teilen, während der Schutzmechanismus des Menschen auf einen 24-stündigen Zyklus ausgerichtet ist.

In Folge der schnelleren Entwicklung der Krebszelle ist zum Zeitpunkt der „Überprüfung" der Oberfläche dieser Zelle durch den Organismus die Information, die es zulässt, sie als Schädlingszelle zu identifizieren, bereits verschwunden. Deswegen werden solche Zellen nicht zerstört und haben die Möglichkeit, sich zu vermehren, übergeben gleichfalls als Erbe die Eigenschaft für eine schnelle Entwicklung. Eine Kolonie ebensolcher Zellen bildet die Krebsgeschwulst.

Nach den Worten von Anatolij Schugajlo erlaubt diese Entdeckung es, den Hauptmechanismus der Behandlung zu bestimmen: Es ist nötig, die Krebszelle zu „zwingen", ihr Wachstum auf 24 Stunden zu verlangsamen. Dabei müssen wir gestehen, dass diese Nachricht uns sehr erfreut hat. Sie stimmt damit überein, was wir mit Igor Arepjew schon lange gesehen haben und womit wir auch schon ziemlich lange praktisch arbeiten.

Außerdem, so behaupten Schugajlo und seine Kollegen, kann man solche Wirkung nicht nur mit traditionellen medizinischen Präparaten erreichen, sondern auch mit so genannten „Informationsmethoden" der bioenergetischen Einwirkung. „Einen Teil der Menschen kann man nur mit Hilfe des äußerst harten Verfahrens der Chemotherapie heilen, für andere reicht schon eine Psychotherapie aus", hat er gesagt. Das bedeutet eine klare Veränderung der früher unerschütterlichen weltanschaulichen Einstellung in den Reihen der schulmedizinischen Institutionen! Was die Chemotherapie betrifft, die aktiv die Immunität zerstört und zur Entartung der Zellen beiträgt, erlauben wir uns, mit dem ukrainischen Onkologen nicht übereinzustimmen, aber wir werden dieses Thema jetzt nicht vertiefen.

Nach der Meinung von Schugajlo ist solch ein Unterschied bedingt durch eine unterschiedliche Schwelle der Empfindlichkeit, die verschiedenen Menschen eigen ist. Aus diesem Grund haben sich Ärzte für eine Verbindung der traditionellen und informativen Methoden in Sachen der Heilung ausgesprochen. Und sie haben sogar öffentlich erklärt: „In der Praxis wurde überprüft, dass die Informationsmethoden die Effektivität der Einnahme der gewöhnlichen Präparate bedeutend erhöhen". Das hat Walerij Sorokin, der Dozent der staatlichen Universität der Stadt Zaporosch mitgeteilt.

Die Entdeckung selbst wurde schon 1995 gemacht, aber die Entscheidung, das bekannt zu geben, wurde erst jetzt getroffen. Nach den Worten von Anatolij Schugajlo ist es in der Zukunft möglich, dass die Arbeiten zu diesem Thema fortgesetzt werden. Aber lassen Sie uns zu dem Wichtigsten in dieser Nachricht zurückkehren: „Wenn man die

Zeit bis zur Teilung der Krebszellen verlängern könnte, dann würde sich die Möglichkeit seiner Verbreitung verkleinern."

Wahrhaftig, je weniger das Leben einem Märchen ähnelt, desto mehr braucht das Leben diese Märchen. Wie aber kann man diese Kenntnis in der Praxis anwenden?

Nehmen wir ein Melanom - eine der schlimmsten onkologischen Erkrankungen: eine Dunkelfärbung Wie geschieht die Entzifferung des Melanoms?

In einer Minute überholt das Melanom (auf der Informationsebene) ein Wort um eine halbe Minute, der (Schwingungs-) Ton überholt das Wort. Mit anderen Worten: es hat eine höhere Reaktionsgeschwindigkeit - fast die doppelte. Wenn wir in die Doppelspirale der DNA eintreten, dann ist die eine Spirale angespannt, die andere entspannt. In der DNA des Melanoms ist eine Spirale in jedem Moment bereit zu zerreißen, und die andere liegt einfach entspannt. Aber man kann auf eine Ersatzvariante übergehen.

Jedes Molekül der DNA ist in einer Kopie vorhanden. Das eine ist das arbeitende, das andere ist die Reserve. Letztere ist normal und wird eben einen normalen Ton geben.

Was ist ein Ton? Ein Ton ist eine Resonanz, eine richtige Welle. Nicht mit Überholen, nicht mit Rückstand, sondern so, wie sie sein muss. Also muss man auf die Ersatzspirale der DNA übergehen. Die, die aktiv war, muss man darauf ausrichten.

Wenn in einem Faden der DNA eine Beschädigung auftritt, geschieht in der Zelle folgendes: Sie findet das analoge Gebiet auf dem zweiten Faden und bessert die Beschädigung nach dem Vorbild der Kopie aus. Sie vervollständigen sich, und es gibt eine Wiederherstellung entsprechend der gesunden Vorlage. Das nennt man „Rekombination".

Die DNA selbst befindet sich wie in einem Kolben. Deshalb ist die Resonanz dort sehr groß. Und diejenige DNA, die mit einer Verschiebung von einem halben Ton arbeitet, muss man ausschalten und auf die ganztonige DNA übergehen und danach, durch die Informations-Stimmgabel, das heißt über die Norm, bei der Rekombination der Moleküle die Situation in der ersten (der aktiven) wiederherstellen.

Das muss man zuerst in einer Zelle machen und dann die Prozedur ausweiten. Nach dieser Prozedur entfalten sich aus den Genen der Chromosomen „Blättchen", und auf ihnen gibt es Texte - zwei Texte. Der eine Text ist normal - mustergültig - und der andere, der die Krankheit entwickelt hat, verzerrt. Das Melanom selbst dehnt den Text oder Ton zu dem mustergültigen Text aus.

Wir nehmen den mustergültigen Ausgangstext. Und anhand dieses Textes verbessern wir alle „Korrekturen", die das Melanom eingetragen hat. Das als erstes, und als zweites die Korrektur selbst. Dort entstehen kleine „Spalten". Es gibt Störungen bei den Kohlenhydraten, den Fermenten und den Eiweißen.

Wir nehmen eine mustergültige Form (nach dem Muster der Schöpfung), „drücken" das Kranke zusammen und nehmen eben diese

Änderungen weg. Änderung bedeutet Spaltung. In der Arbeit der DNA ist „Spaltung" eingetragen.

Und was brauchen wir also? Wir brauchen eine Synthese. Was macht dann die Zelle? Sie synthetisiert, sie formt sich um, stellt sich anders zusammen. Da uns aber der Prozess der Spaltung in die Zelle eingetragen wurde, synthetisiert die Zelle nicht, sondern sie zerspaltet.

Sobald aber der Prozess der Synthese beginnt, verabschiedet sich der Tod!

Auf Basis der mustergültigen Kopie der DNA läuft die Verbesserung der Arbeitskopie in einer Zelle und deren Vervielfältigung durch die bekannten biologischen Vorgänge ab. Eine falsche Kopie kann man von einer richtigen durch den dissonanten Klang unterscheiden. Wenn die Verschiebung ein halber Ton ist, dann gibt es in der Zelle ein Unglück. Das ist wie im Leben.

Wenn man eine Stimmgabel nimmt und an einem Ende etwas absägt, ertönt sofort beim Anschlagen ein falscher Ton. Die etwas abgesägte Stimmgabel ist das gleiche wie eine zusammengedrückte oder entfernte Zelle. Und wenn dort, in der DNA, die Länge anders ist, dann ist klar, dass die Resonanz anders ist, es sind „Is-" und „Es-" Halbtöne. Ist es jetzt klar, wie das System der Steuerung im Kern aufgebaut wird?

Es bedeutet, dass das Vergangene berichtigt werden, und die Zukunft aufgebaut werden muss – damit das Gegenwärtige geschehen kann.

In der Vergangenheit sind wir das schon durchgegangen, haben verbessert. In der Zukunft müssen wir die Gesundheit auf die Basis des

Vergangenen aufbauen, und im Gegenwärtigen müssen wir auch die Gesundheit erhalten. So einfach ist es. Aber alle suchen aus irgendeinem Grund das Schwierigste.

Folglich bedeutet die Verlangsamung der Teilung der Krebszellen unvermeidlich die Verringerung ihrer Verbreitung, und das bedeutet den Übergang der kranken Zellen zum ganztonigen Klang. Denn es gibt ein Gesetz:

„Die Zeit verändert die Form von allem".

Und was ändert die Zeit?

Die EWIGKEIT!

Praktische Übungen

Jeder Mensch – auch der, der (noch) keine hellseherischen Fähigkeiten hat, kann durch Visualisierung korrigierend an seiner Gesundheit arbeiten. Menschen, die noch nicht unsere Techniken erlernt haben, haben die Möglichkeit, sich selbst und anderen zu helfen, wenn sie die speziell für Anfängerinnen und Anfänger konzipierten Praktiken anwenden. Teile der praktischen Arbeit, die Ihnen aus irgendeinem Grund unzugänglich sind, können Sie auf der Überlegungsebene Gedankenebene erreichen.

Das, was durch die Visualisierung der Information in das Bewusstsein gelingt (mit geöffneten oder mit geschlossenen Augen), sollte man weiterentwickeln, um jedes Mal eine größere Dynamik der Korrektur-Operationen zu erlangen. Beginnen muss man dabei immer mit der Diagnose durch Hellsichtigkeit oder mit dem genaueren Studieren der vorhandenen medizinischen Unterlagen.

1.   Stadium der Diagnostik:

   1)   Jede Arbeit zur Korrektur der Gesundheit soll mit der Diagnostik beginnen. Für diese Arbeit ist es bei der Hellsichtigkeit am besten, rote und violette Farbe zu benutzen.

   2)   Auf der Anfangsstufe kann die negative Information in Form von archetypischen Gestalten wahrgenommen werden. Sie werden gewöhnlich durch

40

dunkle Flächen unseres Bewusstseins hervorgerufen, wo sich verzerrte Gedanken niederlassen. Und verzerrte Gedanken projizieren verzerrte Formen, Figuren und Gestalten auf die Wahrnehmungsebene.

Das Wahrnehmungsfeld des Menschen
erschließt sich eben durch eine Gestalt (eine Form), oder es verschmilzt mit der äußeren Informations-Realität. Mit der Zeit wird sich ein klares Sehvermögen entwickeln, welches nicht durch die Gestalt bedingt ist.

3) Man muss das direkte oder geistige „Sehvermögen" nutzen. Während der Diagnostik ist es wichtig, zu betrachten (auch auf der Intuitionsebene), wieso „das" mit einem (mit uns) geschehen ist. Wenn man den Grund festgestellt hat, versucht man, auf der horizontalen Skala der Zeit genau das Ereignis, welches als Ursache der Erkrankung ausschlaggebend ist, zu ändern und, nach vorne schauend, in der Zukunft ein wohltuendes Ereignis zu sehen, bei dem Sie schon gesund und glücklich sind.

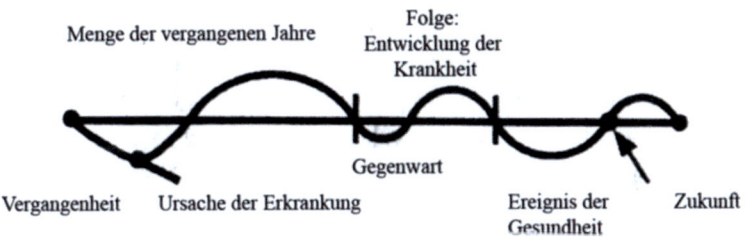

Menge der vergangenen Jahre

Folge: Entwicklung der Krankheit

Gegenwart

Vergangenheit   Ursache der Erkrankung   Ereignis der   Zukunft
                                                 Gesundheit

Wenn Sie die Handlung auf der Zeitskala vollzogen haben, haben Sie Ihr Problem schon zu 50 Prozent gelöst. Sie haben Ihre glückliche Zukunft aufgebaut, die Vergangenheit verbessert, und in der Gegenwart sind Sie mit der Technik beschäftigt.

2. Stadium der Korrektur:

1) Nachdem Sie die Diagnostik durchgeführt haben, haben Sie den Bereich der Pathologie lokalisiert. Er wird, wie wir schon gesagt haben, das Aussehen eines dunklen Flecks haben. In diesem dunklen Fleck gibt es einen Anfangspunkt der negativen Information, mit dem im Grunde genommen die Krankheit angefangen hat. Man muss diesen Punkt aus dem Organismus entfernen.

Wenn Sie mit Ihrem Bewusstsein einen unangenehmen Bereich beleuchten wie diesen negativen Anfangspunkt, der sich als Dunkles im Dunklen versteckt, wird er dank der Einwirkung von weißer oder silberner Farbe trotzdem sichtbar. Der Punkt wird versuchen, Ihrem Blick zu entfliehen. Seien Sie wachsam, und lassen Sie es nicht zu, damit man ihm später nicht ständig nachjagen muss.
Zerquetschen Sie ihn mit Ihrem Bewusstsein, und winden Sie einen silbernen Faden um ihn!
Haben Sie keine Angst vor ihm. Er ist nicht so schlimm, wie er zu erscheinen versucht. Beachten Sie nur eine Besonderheit. Wenn Sie nur über sich selbst nachdenken, dann sind Sie allein mit der Krankheit; die Krankheit

42

erscheint Ihnen dann gigantisch und übermächtig. Sie sind wie ein Liliputaner und die Krankheit wie ein Riese. Aber wenn Sie sich als einen unentbehrlichen Teil des unendlichen Kosmos begreifen, dann wird die Krankheit sofort sehr klein - und Sie sehr groß.

Dann erlangt Ihr Bewusstsein Kraft, und es kann diesen ungesunden Punkt zerquetschen und aus dem Organismus ausleiten. Führen Sie ihn (gedanklich) dorthin, wo die Haut am nächsten ist. An dieser Stelle wird es einen Widerstand geben. Die Haut ist elastisch und wird Ihren Gefangenen nicht sofort durchlassen. Insistieren Sie, rücken sie die Hautporen auseinander und drücken Sie nach außen durch. Genauso arbeiten, nebenbei gesagt, die philippinischen Heiler, die die Haut mit der Hand und ihren Gedanken auseinanderrücken.

Im äußeren Raum verliert diese negative Information die Form und beginnt in kleine Segmente zu zerfallen, als ob Schlangenschuppen herabfallen würden, weil Sie der Krankheit die Form entzogen haben. Die Form der Krankheit wurde von Ihrem Bewusstsein unterstützt. Sofort nachdem Sie den negativen Punkt der Information in die äußere Welt ausgeleitet haben, hat sie den Mechanismus der Formbestimmung verloren und ist zerfallen. Das ist das gleiche, wie die Buchstaben bei einem Wortspiel zu zerstreuen.

2) Nachdem Sie den Bereich der Pathologie bis zum Zustand der Visualisierung der Zellen (mental) beleuchtet haben, müssen Sie die erste Zelle finden, mit der alles angefangen hat. Dann treten Sie mit einem Strahl ihres Bewusstseins in diese Zelle ein. Wahrscheinlich werden Sie folgendes Bild sehen. Ein Fluss, an dessen Ufer Sie stehen. Das Wasser ist schwarz, schmutzig. Das ist kein „Lebenswasser", sondern „Todeswasser". Blicken Sie darauf, und säubern Sie es gedanklich bis zu dem Zeitpunkt, da das Wasser klar wird. Die wörtliche Kodierung der Norm: „kristallklares Wasser". Dann werden Sie auf dem Grund des Flusses den Sand sehen, verschiedenfarbige Steinchen und Algen. Der Sand, das sind flüssige Kristalle, die Steine Organellen und die Algen Rezeptoren.

Natürlich sprechen wir hier über eine Allegorie, mit der die rechte Gehirnhälfte Ihre Vorstellung über das in Ihrem Organismus erschienene Problem darstellt. Aber diese Allegorie ist nicht zufällig, sie ist auf äußerst unmittelbare Weise mit der gegebenen Situation und mit den Möglichkeiten Ihrer Korrektur verbunden.

Soweit die Anomalien der Vorstellung korrigiert wurden, korrigieren Sie sofort die Informationssituation der Wechselwirkungen Ihrer linken und rechten Gehirnhälfte und führen eine Ihre Krankheit unmittelbar betreffende Informationskorrektur durch.

3) Danach müssen Sie wieder aus der Zelle herausgehen, wo die Information schon korrigiert ist, und sich neben sie stellen.

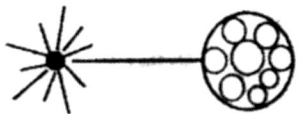

Die erste Zelle, mit der die Krankheit begonnen hat, ist durch Informationsnetze mit allen anderen kranken Zellen verbunden. Aber jetzt ist sie schon wieder „normal". Deshalb geben Sie ihr den Gedankenbefehl, die Information der Krankheit in die Information der Gesundheit auf alle Zellen, die von ihr in die pathologische Umwandlung einbezogen wurden, umzugestalten. Sie werden sehen, wie von ihr Lichtsignale ausgehen werden und sie selbst wie die Sonne zu strahlen beginnt.

In diesem Moment verlieren die onkologischen Zellen ihren Informations- status. Sie werden weniger dicht, werden leichter. Viele von ihnen beginnen in diesem Moment, sich zu bewegen und aus dem Organismus herauszukommen - zu zerfallen.

An dieser Stelle kann sich deshalb ein blauer Fleck auf der Haut bilden. Ein gewöhnlicher blauer Fleck, der durch die Tatsache seiner Existenz die Aktivität des Zerfallsprozesses bestätigt. Danach wird er gelb. Das Wichtigste ist in diesem Moment, die negative Information aus dem Organismus herauszuführen, sie zu zerstreuen und sie positiv umzuwandeln.

WICHTIG!

Die Sphäre, aus der Sie den Impuls für die Normierung gegeben haben, bewahren Sie auf, damit sie eine ständige, steuerbare Einwirkung auf die Situation leistet.

Es gibt sehr viele Techniken der Arbeit mit onkologischen Erkrankungen. Jedem unserer Schüler und jeder unserer Schülerinnen raten wir daher, die ursprüngliche Information zu nutzen, die sie während des Unterrichts in unserem Zentrum „Noosphera" als Module, als Algorithmus erhalten haben, um ihre eigenen Techniken zu entwickeln. Wir wollen Ihnen eine Entwicklung von Tatjana Bogdanowa vorstellen. Von Beruf ist sie Ärztin der Neurochirurgie. Zuerst wurde sie bei Grigori Grabovoi ausgebildet, danach im Zentrum „Noosphera". Wir stellen Beispiele aus ihrer Praxis vor, weil wir hoffen, dass ihre Art der künstlerischen Selbständigkeit auch Sie begeistern wird.

46

Man kann im Informationsfeld des ultrafernen Bereiches des Bewusstseins eine lebendige gesunde Zelle nehmen, eine *Retterzelle*. Wir setzen sie in ein krankes Organ ein, wo sie sich zu vermehren beginnt.

Spiralenförmig, im Uhrzeigersinn, rollt sie sich aus und wickelt die gesunde Information ab wie von einem Knäuel. Sie beginnt, sich in ihrem Umfang zu vergrößern, verdrängt gleichzeitig die kranken Zellen, die mit der oben angegebenen Methode ausgeleitet werden sollen.

Wenn man die Tatsache berücksichtigt, dass man den Krebs immer in Verbindung mit einer unangenehmen Lebenssituation betrachtet, führt man die Arbeit gleichzeitig mit der Auflösung der Information der Lebensprobleme durch.

Es gibt ein Modell der nicht-muskulären Ausleitung der Information:

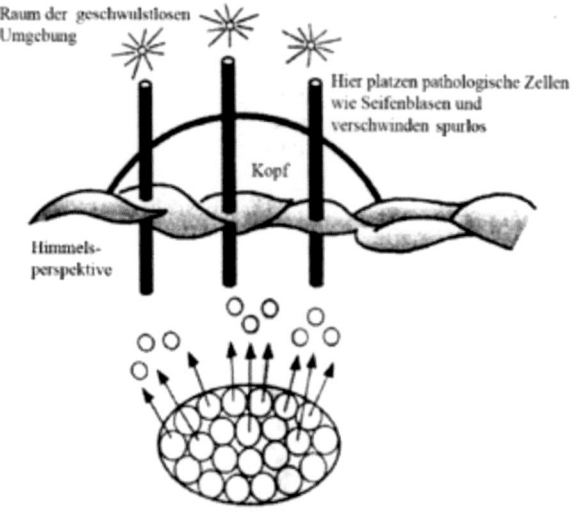

Information der geschwulstlosen Umgebung

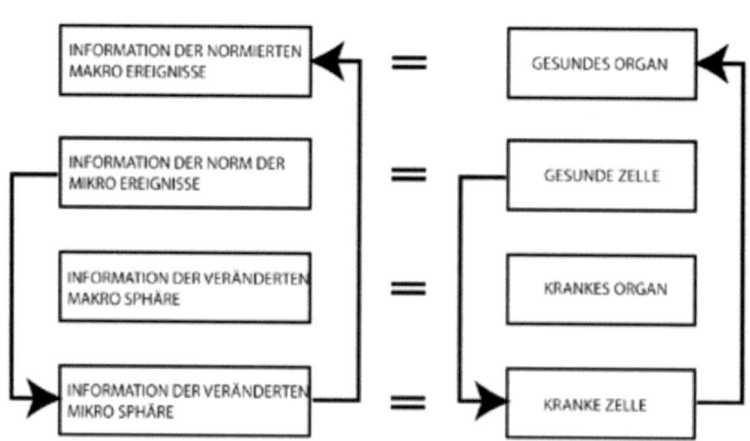

1.   Stellen wir uns vor, dass wir die in ihre einzelnen Zellen aufgespaltene Geschwulst zwischen den Muskeln hindurch schieben. Wir führen sie in den Raum über dem Kopf heraus („Himmel-Perspektive"), dort, wo es auf der Informationsebene keine Haut gibt. Jede Zelle muss man durch einen separaten Zylinder rausführen, wobei die Zylinder einander nicht überlagern dürfen. Das ist das Modell des Gehirnes. Auf der Informationsebene herausfliegende Zellen dürfen sich nicht überschneiden und Lichtnuancen von sich geben. Die Lichtimpulse müssen also kontrolliert werden.

2.   Bei der Wiederherstellung muss man die Form der Information in die Realität übertragen können. Als grundlegend erweist sich hier das Element der Erlaubnis, diese Sichtweise zuzulassen. Je mehr Sie diesen Gesichtspunkt zulassen, desto einfacher wird die Korrektur der Gesundheit voranschreiten. Die Wiederherstellung wird auf der Basis des Phantoms umgesetzt oder verwirklicht.

3.   Hiermit geht unser praktischer Fernunterricht zu Ende. Wir hoffen, dass Sie viel Neues und vielleicht Ungewöhnliches für sich erfahren haben und dass Sie das Gelesene richtig umsetzen können. Alle Kenntnisse, die wir Ihnen geben, wurden erprobt und haben ihre Wirksamkeit bewiesen.

Wir und auch unsere Schülerinnen und Schüler haben schon erreicht, dass wir negative Information und Energie transformieren können. Aber nach wie vor bleibt, wenn die Zerstörungen im Organismus lang anhaltend und umfangreich waren, das Problem auf der körperlichen Ebene, der Ebene der Zellen. Das ist die Ebene, auf der eben die traditionellen Wissenschaftler – Biologen und Genetiker - sehr stark sind.

Wir lehnen die gemeinsame Arbeit nicht ab und hoffen, dass sich mit der Zeit immer mehr Spezialisten unserer Arbeit anschließen werden, die zur vollkommenen Befreiung des Menschen von Krankheiten, dem Altern und der schöpferischen Kraftlosigkeit führt, wo jeder Mensch ein Teil des Seins ist und sich seiner Bedeutung und Zugehörigkeit zu dem GESAMTEN KOSMOS bewusst ist.

Die Steuerung. Die Konzentration. Das Denken.

In dieser Lehre als Element der Steuerung tritt an erste Stelle die Aufgabe der Rettung Aller durch die Technologie der Nutzung verschiedener Elemente der Steuerung auf: die Seele, der Geist, das Bewusstsein, der physische Körper und so weiter.

Diese Lehre begreifend, kann jeder Mensch der Herr seines Schicksals werden. Der angebotene Kurs des Seminars schließt verschiedene Methoden der Steuerung der Ereignisse, des eigenen Lebens (Innere und Äußere Ereignisse) ein, wohin auch die Wiederherstellung der Gesundheit eingeht, zulassend, das eigene Bewusstsein auszudehnen und zu lernen, die uns umgebende Realität zu steuern.

Wir möchten klarstellen, dass die Methoden der Konzentrationen des Bewusstseins eben als Methoden der Konzentrationen gibt, und nicht der Meditationen. Der Unterschied besteht im Folgenden: bei bestimmten Meditation ist es erforderlich, den Prozess des Denkens abzuschalten und, zu versuchen sich im umgebenden Raum aufzulösen und mit ihm zu verschmelzen, und die Konzentrationen nach unseren Methoden vermuten gerade das Vorhandensein während der Konzentrationen des Prozesses des Denkens, aber nur des richtigen Denkens und durch das Denken, durch die Konzentration auf der Aufgabe, an der Sie arbeiten, wird eben das Ziel der Steuerung erreicht. Die Einstellung während der Arbeitszeit an seinen Aufgaben auf das allgemeine Wohl beschleunigt den Prozess der Errungenschaft des Ergebnisses. Das richtige Denken bedeutet in jeder unserer Handlungen, in jeder Situation die grenzenlose Liebe Gottes zu uns zu sehen. Erinnern Sie sich! Alles was gemacht wird, geschieht zum Besten. Wenn wir beginnen werden, zu verstehen, dass alle Ereignisse im Leben zu einem bestimmten Ziel geschehen, wobei im globalen Maßstab gibt es nur ein einziges Ziel — unsere ewige Entwicklung, so werden wir verstehen, dass alles und immer zu unserem Besten geschieht, da in jeder unserer Handlung die Handlung des Schöpfers anwesend ist. Und die Handlung Gottes ist Seine Liebe, die persönlich zu jedem und zu Allen zusammen gerichtet ist. Die Anwesenheit der Liebe Gottes in jedem Ereignis lässt maximal zu, die möglichen negativen Folgen unsere nicht schöpferischen Handlungen (negative Gedanken, Wörter, Gefühle, Emotionen) zu minimieren. Eben so kann man die Empfehlung entziffern: Danken Sie Gott für alles Gute und Schlechte. In schwersten Minuten unseres Lebens trägt Er uns auf seinen Händen. Wenn man das Niveau der Entwicklung unseres Bewusstseins berücksichtigt, so sind alle ungünstigen Ereignisse, einschließlich die Krankheiten- Lehren, die wir mit Ihnen für die Strukturierung unseres Bewusstseins und der erfolgreichen Realisierung der Aufgabe Gottes — der ewigen harmonischen Entwicklung des Menschen und der ganzen ihn umgebenden Realität durchgehen müssen.

Vorträge:

Die Ausbildung auf den Seminaren und Vorlesungen erfolgt nicht nur verbal über Worte und deren Inhalt, sondern auch auf der Ebene der Seele. Das, was der Mensch auf der Ebene des Bewusstseins nicht versteht, versteht er auf der Ebene der Seele. Die Seele nimmt das Wissen wahr und zeigt es später als Ergebnis auf der physischen Ebene. Das heißt, dem Menschen braucht man bei dieser Methodik nur zu erklären, wie etwas geschieht und auf der Ebene der geistigen Strukturen wird es zum inneren Wissen.

Das Licht des Wissens nimmt jeder Mensch wahr, unabhängig von seinem Bewusstsein. Mit diesem Wissen und den Methoden zur Anwendung kann jeder Mensch sich selbst und Anderen helfen Gesundheit wiederzuerlangen und Ereignisse zu harmonisieren.

Seit 2000 arbeiten wir praktisch mit dieser Lehre, entwickeln sie und uns weiter und vermitteln ständig alle Erkenntnisse an interessierte Menschen. Alle Methoden und Techniken sind durch persönliche Erfahrungen geprüft und bestätigt. Wir stehen auch in Verbindung mit den Instituten in Russland, um neue Erkenntnisse in unsere Arbeit zu integrieren.